ÍNDICE

1. Introducción

2. El Método "**NeuroNex**"

3. **El Cliente perfecto**

4. **Configurando para triunfar**

5. Whatsapp Business & Whatsapp Messenger

6. El poder de las palabras

7. Mi contenido mínimo viable

8. Proceso de venta

9. Los 10 Gatillos Mentales para ganar

10. Guines Ganadores

11. Los 10 Tipos de Cierres que mejor funcionan en

Whatsapp

12. **Bonus Especial**

13. Conclusión

Gracias por adquirir la edición original autorizada de este libro. Está prohibida su reproducción, distribución cualquiera sea la forma de compartir este contenido, sea gratuito, pago parcial o total. Para más información por favor escribir a info@proserdigital.com

INTRODUCCIÓN

¡¡Bienvenid@s, apasionad@s de las ventas y emprendedores intrépidos!

Estoy emocionada de presentarles este ebook dedicado a explorar una de las herramientas más poderosas en el mundo de las ventas modernas: **WhatsApp**. En la era donde la comunicación digital evoluciona a un ritmo vertiginoso.

La capacidad de cerrar ventas de manera efectiva a través de plataformas como WhatsApp se ha convertido en un arte valioso, y a la vez, en una ciencia precisa.

Durante mi trayectoria en el ámbito de las ventas, he sido testigo de la transformación que ha experimentado el desafío de ser cada vez más efectivos. La era de las llamadas telefónicas frías y las reuniones presenciales ha sido reemplazada por conversaciones instantáneas, multimedia y conexiones personales a través de aplicaciones de mensajería como WhatsApp.

Este ebook no es solo una guía; es una brújula que te guiará a través del emocionante mundo de las ventas por WhatsApp. Exploraremos estrategias probadas, tácticas efectivas y técnicas que te permitirán no solo cerrar ventas, sino también construir relaciones sólidas con tus clientes.

A lo largo de estas páginas, descubrirás cómo aprovechar al máximo las funciones de WhatsApp, desde la creación del primer mensaje hasta el cierre de la venta y más allá.

La autenticidad, la empatía y la adaptabilidad son pilares fundamentales en este viaje, y te proporcionaré las herramientas necesarias para integrar estos elementos en tu enfoque de ventas.

Recuerda, las ventas no se tratan solo de productos o servicios; se tratan de personas.

En este ebook, exploraremos cómo puedes utilizar WhatsApp para conectarte genuinamente con tus clientes, comprender sus necesidades y ofrecer soluciones que superen sus expectativas, siendo efectivos y mega estratégicos.

Estoy feliz de compartir contigo mi experiencia, conocimientos y estrategias que te permitirán destacarte en el mundo competitivo de las ventas digitales por WhatsApp. Así que, ¡prepárate para sumergirte en el arte de cerrar ventas como muy pocos saben hacer.

¡Que este ebook sea tu guía confiable mientras exploras nuevas oportunidades y te conviertes en un maestro en el arte de cerrar ventas por WhatsApp!

Con entusiasmo y gratitud.

Leandra Isgró

Nos puedes encontrar en Instagram y en Youtube.
Forma parte de esta comunidad de ProSer¨s

Proser Digital

¿QUÉ APRENDERÁS CON ESTE E-BOOK?

He creado este grandioso libro enfocado a técnicas, estrategias y valiosos recursos digitales que te ayudarán a complementar, ordenar y sistematizar tu proceso de venta desde la prospección, seguimiento de tus prospectos hasta convertirlos en clientes, utilizando Whatsapp Business.

Con este E-BOOK aprenderás que existen estrategias bien probadas que, si aplicas bien, te servirán para alcanzar todos tus objetivos y evitar con mayor frecuencia perdida de tiempo y dinero.

*En esta guía nos enfocaremos en crear tu propio sistema de ventas de principio a fin, utilizando las 10 técnicas de Cierre que mejor funcionan por whatsapp y que te permitirán conseguir más ventas y en los negocios eso es **sinónimo de éxito**.*

¿Estás list@ para expandir tu mente?
Termina de leer esta guía.

El camino no es fácil, y quién te diga lo contrario, sin duda es falso. Vender por Whatsapp, necesita de orden, dedicación, constancia y perseverancia, pero sobre todo, lo que a más de uno le falta, **PACIENCIA**.

No existen fórmulas mágicas, pero sí **METODOLOGÍAS épicas**, que si aplicas al pie de la letra te aseguro, por experiencia propia, que comenzarás a ver resultados notorios, y te alegrarás cada vez que apliques lo que aprendas aquí y comienzas a facturar más y más.

¡Comencemos ya!

EL MÉTODO
NEURONEX

"Conectando Mentes, Cerrando Ventas"

www.proserdigital.com

@Proser.Digital

EL MÉTODO NEURO-NEX

Conectando Mentes, Cerrando Ventas"

 Es un método que enfatiza la conexión emocional con la audiencia y la eficacia en el cierre de ventas.

Aprenderemos que hay algunas adaptaciones específicas que podrías aplicar para utilizar este método en un proceso de venta por WhatsApp. Pero antes conozcamos quien es nuestro cliente.

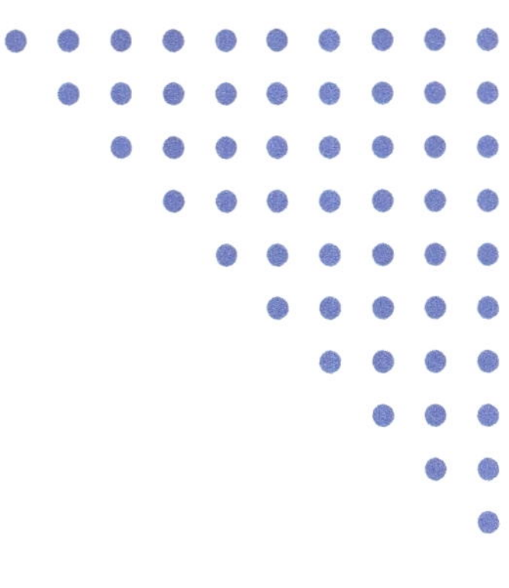

" Vender se trata realmente de tener conversaciones con la gente y ayudar a mejorar su empresa o su vida».

—Lori Richardson

MI CLIENTE
PERFECTO

¿A QUÉN LE VENDO Y CÓMO ME COMUNICO?

BUYER PERSONA
TUS CLIENTES IDEALES

¿Con quién quieres trabajar?

El objetivo de este ejercicio es descubrir el perfil los clientes que compraría tus productos o servicio.

- Define a tu cliente ideal:
- ¿Con quién quieres trabajar?
- ¿Ahora? ¿En el futuro?
- ¿Qué necesita tu cliente ideal?

Según Paul Lawrence y Nitin Nohria, profesores de la Escuela de Negocios de Harvard y autores de Driven: How Human Nature Shapes Our Choices, los seres humanos tienen principalmente cuatro necesidades básicas que influyen en sus decisiones y actos. Estas son: **Adquirir, sentirse vinculado, aprender y protegerse.**

Crear un completo perfil de un buyer persona supone realizar una concienzuda investigación previa sobre nuestro sector y públicos para luego contestar a las siguientes preguntas que nos permitirá concretar su personalidad, comportamientos, necesidades y motivaciones.

Tienes que tener claro que un mismo producto puede tener diferentes buyer persona.

Definición Buyer Persona: un buyer persona es un representación ficticia de tu target.

Básicamente, es como una ficha del estereotipo de perfil de tu cliente ideal al que le asignaremos:

• Un nombre
• Los aspectos sociodemográficos (edad, género, lugar de residencia, nivel académico, nivel de ingresos, cultura, estado civil, etc.).

• Su personalidad.
• Su comportamiento
• Sus objetivos y motivaciones (deseos).
• Sus miedos, preocupaciones y problemas.
• Las dudas frecuentes y objeciones.
• Y su comportamiento en las redes sociales.

Para que veas la importancia del buyer persona. Tener este análisis hecho te va a ayudar a:

- **Escribir los mensajes de venta de tu página web.**
- **Redactar los emails.**
- **Escribir el copy de tus anuncios en Facebook Ads.**
- **Crear el contenido en redes sociales.**
- **Etc.**

Al final, crear un buyer persona lo puedes resumir en 4 preguntas claves:

- **Qué hace el cliente potencial.**
- **Qué necesita y quiere.**
- **Qué le preocupa.**
- **Cómo puedes satisfacer su necesidad.**

Por ejemplo, un Máster de Marketing Digital tiene varios públicos objetivo:

- **Recién graduados.**
- **Desempleados.**
- **Profesionales del marketing.**
- **Emprendedores o propietarios de negocios.**

Los deseos, motivaciones, problemas y puntos de dolor de cada uno de ellos puede ser diferente, por lo que el mensaje de ventas, también lo debería de ser.

¿Cómo puedes saber cada uno de esos inputs? Con un proceso de investigación interna y externa.

AHORA ES TU TURNO:

Define tus buyer personas. El objetivo de este ejercicio es que tengas claro quien es tu cliente ideal. Toma papel y lápiz para comenzar a desarrollarlo.

Aquí tienes una plantilla que te ayudará a organizar toda la investigación:

Definiendo mi cliente ideal

PLANILLA DE APLICACIÓN

(dale clic al gancho verde o escanea el QR)

CONFIGURANDO
PARA TRIUNFAR
SI VAS A CREAR QUE SEA A TODO O NADA

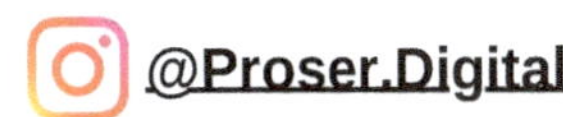

¿Es recomendable utilizar el personal o contratar uno exclusivo para WhatsApp Business?

La decisión de utilizar tu número de teléfono personal o contratar uno exclusivo para WhatsApp Business depende de tus necesidades y preferencias personales. Aquí te presento algunas consideraciones que pueden ayudarte a tomar una decisión:

Utilizar tu número de teléfono personal puede ser más conveniente y económico, ya que no tendrás que pagar por un número adicional. Además, es posible que ya tengas una red de contactos y relaciones establecidas en tu número personal, lo que podría facilitar la comunicación con tus clientes.

Sin embargo, si te preocupa la privacidad y la mezcla de tus contactos personales y profesionales, es posible que prefieras contratar un número exclusivo para WhatsApp Business. De esta manera, podrás mantener tu número personal privado y separar tu vida personal y profesional.

También es importante tener en cuenta que si utilizas tu número personal para WhatsApp Business, es posible que recibas mensajes y llamadas fuera de tu horario de trabajo. Si esto te incomoda, puede ser beneficioso tener un número exclusivo para tu negocio.

WHATSAPP
MESSENGER VS BUSINESS

Por si no lo tenías en cuenta, existen 2 tipos de Whatsapp: el primero es el **Whatsap Messeger** común y corriente que todo el mundo usa para comunicarse, pasarse memes y stickers bonitos. Sin embargo existe la versión de negocios de Whatsapp, la versión **Business**. y seguramente ya lo pensaste, es laque vamos a usar preferentemente.

- Esta herramienta tiene muchos trucos y elementos que te ayudarán bastante, no me adentraré mucho en las nociones técnicas porque puedes encontrar bastantestutoriales de esto, lo que si te va a ayudar desde ahora es que tú mism@ empieces a configurar las siguientes herramientas para automatizar el proceso:

MENSAJE DE BIENVENIDA: Puedes crear un pequeño mensaje de Bienvenida que hará que la respuesta sea inmediata y puedas captar en ese instante información de tu cliente, como su nombre y su país

RESPUESTAS AUTOMATIZADAS: Tan solo con undir el slash / podrás usar textos prediseñados por ti que contestarán muchas de las dudas de tu cliente, pero calma no abuses de esta herramienta porque no queremos que nuestro cliente crea que habla con un robot.

CATÁLOGO: Esta herramienta será fundamental para mostrar imágenes de testimonios, resultados o productos, eso sí, deben ser previamente autorizadas por Whatsapp.

WHATSAPP BUSINESS
COMUNICACIÓN CON CLIENTES

Los filtros de la lista de chats
te permiten encontrar rápidamente
mensajes específicos tuyos o de
tus clientes en tu lista de chats.

Con los filtros de la lista de chats, es particularmente fácil encontrar fotos, GIF, enlaces y documentos.

¿Cómo aplicar un filtro a la lista de chats?

 Abre la aplicación WhatsApp Business > toca el ícono de buscar.

Nota: Si tienes un iPhone, es posible que primero debas deslizar el dedo hacia abajo en la pantalla de chats.

Selecciona el filtro que quieras aplicar de la lista desplegable.

Nota: Los filtros no se pueden eliminar ni cambiar.
Consejo para empresas: En ocasiones, es posible que tus clientes te envíen fotos suyas usando tus productos. Para encontrar estas fotos con facilidad, aplica el filtro Fotos.

¿Cómo hago para tener los 2 whatsapp en 1 solo celular?

1.Cómprate una nueva tarjeta SIM.

2.Quítale la tarjeta SIM a tu celular e inserta la que compraste.

3.Te va a llegar un mensaje o llamada para verificar tu nuevo número celular. Sigue el paso a paso que te indiquen.

4.Sin quitar la nueva SIM, instala Whatsapp Business.

5.Cuando finalice la instalación, abre la aplicación e ingresa tu nuevo número de teléfono. Whatsapp te va a mandar un mensaje de confirmación a tu nuevo número, lo lees, confirmas y listo.

6.Como no vas a usar tu nuevo número para llamadas, puedes quitar la SIM nueva, guardarla en un lugar donde no la pierdas e insertar la SIM que tenías previamente, de esa manera podrás hacer llamadas con tus familiares y tendrás activado ambos Whatsapp en tu celular, funcionándote sin problemas. **Vualá**

Si tienes un celular DualSIM, este proceso es mucho más sencillo, ya que basta con comprarte un SIM nuevo, insertarlo en tu teléfono, verificarlo y vualá, tienes en tu poder 2 whatsapp en un solo teléfono.

Perfecto ya estamos listos para negociar. **Comencemos.**

EL PODER
DE LAS PALABRAS
DIRECTO A LA CONQUISTA

www.proserdigital.com
TODOS LOS DERECHOS RESERVADOS

Personalización de Mensajes

Aprovecha la capacidad de personalización de WhatsApp. Utiliza el nombre del cliente y adapta el tono del mensaje para que sea más personal y cercano.

Es fundamental para establecer **conexiones más sólidas** y efectivas con tu audiencia. Aquí te dejo tres ejemplos de cómo puedes personalizar mensajes:

Saludo Personalizado:

Antes de lanzarte directamente a la venta, comienza con un saludo personalizado.

Por ejemplo: "¡Hola [Nombre del Cliente]! ¿Cómo estás hoy? Espero que estés teniendo un excelente día".

Este tipo de saludo demuestra que no estás enviando mensajes de manera genérica y que te importa la persona con la que estás hablando.

Respuestas Rápidas y Personalizadas:

Aprovecha la inmediatez de WhatsApp para proporcionar respuestas rápidas y personalizadas a las consultas de los clientes. La prontitud en las respuestas puede ser clave para mantener el interés del cliente.

Emojis y Medios Visuales:

Integra emojis y medios visuales en tus mensajes. Los emojis pueden añadir un toque de personalidad, mientras que las imágenes y videos pueden ser útiles para mostrar productos o proporcionar demostraciones rápidas.

Cierre de Ventas Sutil:

Realiza un cierre de ventas de manera sutil. Después de establecer una conexión y proporcionar valor, puedes pasar a una invitación para realizar una compra o programar una demostración más detallada.

Automatización con Mensajes Programados:

Utiliza la función de mensajes programados de WhatsApp o herramientas de automatización para enviar mensajes estratégicos en momentos específicos. Esto puede ser útil para mantener la consistencia en la comunicación.

Análisis de Datos de WhatsApp:

Realiza un análisis de datos de WhatsApp para evaluar la efectividad de tus estrategias. Mide las tasas de apertura, las respuestas y otras métricas relevantes para ajustar y
mejorar continuamente tu enfoque.

Secuencia estratégica de Mensajes

Diseña una secuencia estratégica de mensajes. En lugar de enviar un mensaje de venta directa de inmediato, establece una secuencia de mensajes que gradualmente construya la relación y conduzca al cliente hacia la compra.

www.proserdigital.com
TODOS LOS DERECHOS RESERVADOS

 **@Proser.Digital**

Mensaje 1: Introducción y Concienciación

Objetivo:

Conectar desde la empatía

Ejemplo:

"¡Hola [Nombre]! Soy [Tu Nombre] de [Tu Empresa]. Estoy aquí para ayudarte con [Beneficio clave]. ¿Te gustaría saber más?"

Mensaje 2: Oferta de Valor

Objetivo:

Destacar los beneficios clave de tu oferta.

Ejemplo:

"Nuestro [Producto/Servicio] ofrece [Beneficio 1], [Beneficio 2] y [Beneficio 3]. ¿Cómo crees que podría ayudarte en [solucionar un problema específico]?"

Mensaje 3: Respuesta a Preguntas Frecuentes

Objetivo:

Abordar preguntas comunes o posibles objeciones.

Ejemplo:

"Aquí tienes respuestas a algunas preguntas frecuentes: [Respuesta 1], [Respuesta 2]. ¿Hay algo más que te gustaría saber?"

Mensaje 4: Testimonios o Casos de Éxito

Objetivo:

Reforzar la credibilidad con testimonios o casos de éxito.

Ejemplo:

"Hemos ayudado a [Cliente] a [lograr un resultado]. ¿Te gustaría saber más sobre su experiencia?

Mensaje 5: Oferta Especial

Objetivo:

Conectar con un beneficio de alto valor

Ejemplo:

"Solo por esta semana, ofrecemos un descuento exclusivo del 15%. ¿Te gustaría aprovechar esta
oferta?"

Mensaje 6: Cierre de Venta

Objetivo:

Hacer la oferta final y cerrar la venta.

Ejemplo:

"Estamos emocionados de tenerte como cliente. ¿Te gustaría proceder con la compra y disfrutar de [Beneficio adicional]?"

Mensaje 7: Seguimiento Postventa

Objetivo:
Agradecer y proporcionar información adicional postventa.

 Ejemplo:
"Gracias por elegirnos, [Nombre]. Tu [Producto/Servicio] será enviado mañana. Estamos aquí para cualquier pregunta que puedas tener."

Recuerda personalizar estos mensajes según tu producto, público objetivo y el contexto específico. También, es esencial monitorear las respuestas y adaptar tu enfoque según la interacción del cliente. Una comunidad

Fomenta la interacción dinámica. Pregunta a los clientes sobre sus necesidades, preferencias o desafíos, y utiliza esa información para adaptar tu enfoque de venta. Puedes hacer encuestas rápidas o simplemente pedir opiniones.

Ejemplo:
Una venta de Interacción Dinámica por WhatsApp implica personalizar la conversación en tiempo real según las respuestas y acciones del cliente. Aquí hay un ejemplo de cómo podría desarrollarse una interacción dinámica:

Mensaje 1: Inicio de la Conversación
Sistema:
"¡Hola [Nombre]! Soy el asistente virtual de [Tu Empresa]. ¿En qué puedo ayudarte hoy?"
Cliente:
"Hola, estoy buscando [Producto/Servicio]."

Mensaje 2: Recopilación de Información
Sistema:
"¡Genial! Para entender mejor tus necesidades, ¿podrías decirme qué características son más importantes para ti? Responde con las letras A, B o C."

Opciones:
a) Precio
b) Calidad
c) Variedad

Mensaje 3: Personalización de la Oferta

Sistema:

"Gracias por compartir eso, [Nombre]. Dado que valoras [característica seleccionada], permíteme mostrarte nuestras mejores opciones en esa categoría."

Muestra de Productos o Servicios Personalizados

Mensaje 4: Manejo de Objeciones

Sistema:

"Entiendo que el precio puede ser una consideración importante. ¿Te gustaría conocer nuestras opciones de financiamiento o si hay algún descuento disponible?"

Opciones:

a) Sí, dime más.

b) No, gracias.

Mensaje 5: Oferta Especializada

Sistema:

"¡Perfecto! Tenemos una oferta especial para ti. Si decides comprar hoy, ofrecemos un [descuento/específico] adicional. ¿Te gustaría aprovecharlo?"

Opciones:

a) Sí, quiero aprovecharlo.

b) No, gracias.

Mensaje 6: Confirmación de Compra

Sistema:

"¡Excelente elección, [Nombre]! Para completar la compra, solo
necesito que confirmes algunos detalles.
¿Estás listo para proceder?"

Opciones:

a) Sí, estoy listo.

b) No, necesito más información.

Mensaje 7: Detalles de la Transacción y Seguimiento

Sistema:

"¡Fantástico! Aquí tienes los detalles de tu compra:
[Detalles].
Estamos procesando tu pedido y te enviaremos una confirmación en
breve. ¿Hay algo más
en lo que pueda ayudarte?"

Cliente:

"No, eso es todo. ¡Gracias!"

Este escenario muestra cómo la interacción dinámica se adapta a
las respuestas del cliente para proporcionar información y ofertas
personalizadas. La clave es mantener la conversación fluida y
relevante, guiando al cliente a través del proceso de compra de
manera cómoda y personalizada.

Referencias a Interacciones Anteriores:

Si has tenido interacciones previas con el cliente, referencia esas conversaciones.

Por ejemplo: "Recuerdo que la última vez que hablamos, mencionaste [tema]. ¿Cómo ha progresado desde entonces?". Esto muestra atención y refuerza la relación con el cliente.

Recomendaciones Personalizadas:

Si estás ofreciendo productos o servicios, puedes personalizar las recomendaciones basándote en las
preferencias anteriores del cliente.

.Por ejemplo: "Dado que te encantó [producto anterior], pensé que podrías estar interesado/a en nuestra nueva oferta de [nuevo producto relacionado]".

Esto demuestra que conoces los gustos del cliente y estás ofreciendo algo relevante.

Recuerda que la clave está en conocer a tu audiencia y utilizar esa información para adaptar tus mensajes. La personalización no se trata solo de incluir el nombre del cliente, sino de demostrar un entendimiento más profundo de sus necesidades y preferencias.

CONTENIDO
MÍNIMO VIABLE

CONECTANDO DESDE LOS SENTIDOS

www.proserdigital.com
TODOS LOS DERECHOS RESERVADOS

@Proser.Digital

CONTENIDO MINIMO VIABLE

Comparte contenido relevante y valioso directamente a través de mensajes de WhatsApp. Pueden ser enlaces a blogs, infografías o incluso videos cortos que resuelvan problemas específicos o proporcionen información útil para tus clientes.

Te dejo 3 Ejemplos que puedes implementar AHORA MISMO

Envío de Consejos Útiles:

Imagina que tienes un negocio de bienestar y salud. Puedes enviar mensajes con consejos diarios sobre hábitos saludables, ejercicios rápidos para hacer en casa o recetas nutritivas.

Propone Retos o Envía Tips

Por ejemplo: "¡Hola [Nombre]! ¿Sabías que unos minutos de estiramientos por la mañana pueden mejorar tu energía durante el día? Prueba estos simples ejercicios: [adjunta un gif o imagen con los ejercicios]".

Oferta Exclusiva para WhatsApp:

Crea una sensación de exclusividad compartiendo ofertas especiales solo para tus contactos de WhatsApp.

Por ejemplo: "¡Hola [Nombre]! Como agradecimiento por ser parte de nuestra comunidad en WhatsApp, te ofrecemos un descuento exclusivo del 20% en tu próxima compra. Usa el código WH20 al finalizar la compra en nuestra tienda en línea".

Contenido Interactivo:

Genera interacción compartiendo contenido interactivo.

Por ejemplo, si tienes un negocio de moda, podrías enviar imágenes de dos conjuntos diferentes y preguntar: "¡Hola [Nombre]! ¿Cuál de estos dos conjuntos prefieres para una salida casual? Responde con 'A' o 'B'. ¡Estamos emocionados por conocer tu elección!".

PROCESO
DE VENTA

CONECTANDO DESDE LOS SENTIDOS

www.proserdigital.com

@Proser.Digital

¿CÓMO DEBE LLEGAR TU PROSPECTO?

Vamos bien hasta ahora, el siguiente paso es entender que el prospecto **NO DEBE LLEGAR A WHATSAPP** sin pasar primero por un embudo de venta llamado E.V.O. es decir, debe pasar por todo un proceso de preparación y de mucho contenido de valor que lo ha llevado a calentarse y llegar a tu whatsapp con una alta intención de compra.

Hay tres elementos imprescindibles para tener un sistema efectivo:

- Contenido.
- Tráfico.
- Conversión.

Tienes que diseñar una estrategia de contenidos potente, porque el contenido te va a permitir educar a tu cliente y convencerlo de que eres la mejor opción.

PROCESO DE VENTA DIGITAL
¿CÓMO GENERO TRÁFICO?

Para que un Sistema de Ventas funcione, necesitas tráfico que lo alimente.

El tráfico es el equivalente a la gasolina para un coche.
Sin gasolina el coche no funciona, y sin tráfico, el funnel tampoco.

Aquí es muy importante que entiendas que existen diferentes tipos de tráfico.

- Tráfico frío.
- Tráfico templado.
- Tráfico caliente.

Esto esta directamente relacionado con las diferentes etapas de un embudo de conversión: TOFU, MOFU Y BOFU.

TOFU:

Etapa superior del funnel, la conforman las personas que no te conocen

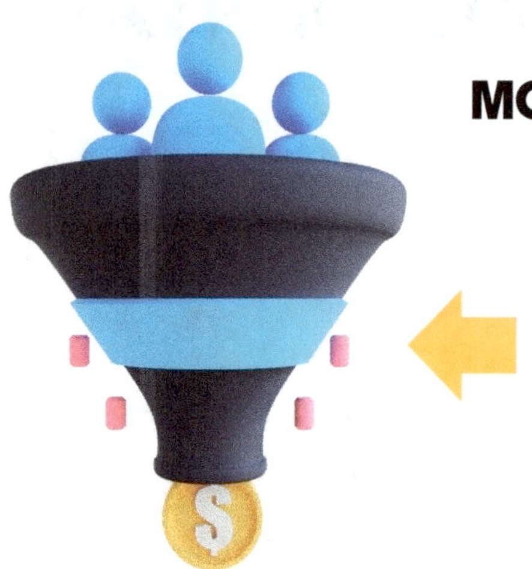

MOFU: En esta fase el cliente potencial ya está más predispuesto a comprarte pero aún necesita más información.

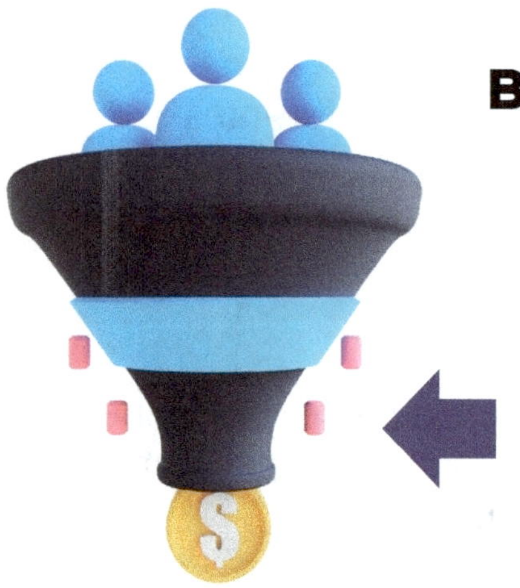

BOFU: Es la etapa de decisión, el momento de la verdad.

Entonces debes saber cómo crear links y ubicarlos en cada etapa de tu embudo para saber de qué manera llegará tu cliente a tu whatsapp, si está frio, tibio o caliente.

CANALES DE GENERACIÓN DE TRÁFICO ORGÁNICO

Las Redes Sociales. (Instagram, Facebook, Tiktok, Youtube)

CANALES DE GENERACIÓN DE TRÁFICO PAGO

Para este caso, puedes intentar crear campañas pagas en facebook & Instagram junto con Google Ads

Recomendación: si quieres generar tráfico a tu whatsapp crea campañas con objetico "interacción" a
tu whatsapp y para google con objetivo a Tráfico web donde te recomiendo tengas los botones de llamado a la acción configurados a whatsapp a traés de un
enlace o links.

Es por eso que te dejaré un **acortador de links** para que puedas usarlo y cambiar el texto de ingreso de tu cliente, y así sabrás en que temperatura llega tu cliente y que estrategia usar con él cuando lo tengas en tu whatsapp.

Escanea este QR para acceder a tu generador de enlaces para whatsapp

www.proserdigital.com

 @Proser.Digital

MENSAJE DE
BIENVENIDA

Muy bien, después de todos estos consejos, comencemos a implementar ese pequeño embudo final para cerrar la venta.

Lo primero es **crear un mensaje de bienvenida** que le responda automáticamente a tu cliente y te deje una primera interacción con él; debes presentarte y luego debes generar algún tipo de pregunta para que tu cliente responda y así se comienza una conversación.

Observa este ejemplo al costado, me presento para comenzar a establecer confianza con el cliente y luego le manifiesto una pregunta común, a lo cual el cliente contesta sin ningún problema

EL PROSPECTO LLEGA DE TU ANUNCIO o DE MANERA ORGÁNICA

MENSAJE DE
BIENVENIDA

Recuerda que lo que debemos buscar **NO ES VENDER LO MÁS PRONTO POSIBLE**, no muestres el "hambre", que eso finalmente ahuyenta a tu cliente, sino que debemos establecer una relación de confianza e interacción y siempre el interés de ayudar al otro a transformar ese problema que tiene con nuestro producto o servicio.

GENERA CONVERSACIÓN
(DOLORES DE TU CLIENTE)

Excelente, ya saludamos a nuestro prospecto y nos ha respondido, es ahora donde debemos comenzar a entablar una confianza con él y al mismo tiempo sentar nuestro nivel de autoridad para demostrar que con nuestro conocimiento lo podemos ayudar.

¡¡¡MUCHO OJO!!! Acabo de decir que *NOSOTROS* lo ayudaremos, **no un curso o un producto**, por eso debemos entablar una conversación amable siempre guiando nosotros la conversación.

Muy bien pero... ¿Cómo generamos una conversación con alguien desconocido? Es muy sencillo, ataca eso en común que los une, tu cliente tiene un problema tu tienes la solución, entonces enfócate en detectar de manera precisa y hacerle entender a tu cliente que tiene UN PROBLEMA y haz que le duela.

Técnica Secreta Revelada: Mira el ejemplo a un costado. Como puedes ver, una simple pregunta sirve para desencadenar que el cliente manifieste su dolor y sus problemas por sí solo.

A esto lo llamo la **Técnica PP: Pregunta Persuade** y así comenzamos nuestra conversación hacia la venta.

Veamos un ejemplo con una empresa que ofrece seguridad tecnológica para empresas y hogares:

DIAGNOSTICA
EL PROBLEMA

La clave está en escuchar (o leer en este caso) a tu prospecto, debes entender cómo piensa, qué siente, cómo va su proceso y de esa manera vas sacando información y la contrastas con tu programa, es decir (en mi ejemplo), no es lo mismo decir que "estas desprotegido, sin cobertura" , a decir que ya contas con una cobertura médica, es lo más importante, son cosas y problemas completamente diferentes.

Este tipo de información se irá desenvolviendo en la medida que vayas conversando y conociendo más y más a tu prospecto.

Recuerda: Pregunta y Persuade, ve preguntando más y

más, no hables tanto, escucha y lee la información, tu turno llegará para hablar y verás que lo que tengas que decir se percibirá como una oferta irresistible.

Esta estrategia es fundamental para que el prospecto comience a entender que tiene un problema real que debe ser solucionado.

Muchas veces la gente no sabe que tiene un problema hasta que nosotros mismos les hacemos interiorizar que realmente lo tienen.

De ese modo estamos creando y organizando un rompecabezas en el prospecto, el cual comenzará a organizar las piezas, pero siempre tendrá una pieza faltante la cual es **_LA SOLUCIÓN A SU PROBLEMA_** y ahí es donde estamos nosotros para darle solución con nuestro producto.

PREGUNTA PARA INDAGAR Y GENERAR CONFIANZA

(Sigamos con el ejemplo de la empresa de seguridad)

A -Actualmente, costas con un servicio de (xxx)?

B -Cómo esta esta compuesto ese servicio?, Cámaras, Seguridad Física?

(EMPATIZAR)

C -Tu Empresa recibe público en general o solo se trata de oficinas internas?

(EMPATIZAR)

SI TIENE SEGURIDAD PRIVADA O UN SISTEMA DE CÁMARAS

SI NO TIENE SEGURIDAD

STORYTELLING
CUENTA TU HISTORIA

Tu proceso, tu vida es una historia y a las personas les gusta escuchar historias, casi que a diario les encanta saber chismes, anécdotas que nos hacen sorprender, reír, angustiar; nos hacen sentir emociones y por eso nos gustan tanto.

Es por eso que cuando estés en la conversación con tu prospecto encontrarás el momento para contar cómo ha sido todo tu camino
hasta llegar a donde estas, generando empatía y compartiendo tu conocimiento sobre el tema en cuestión y demostrando autoridad, habiendo solucionado ese mismo problema que tiene tu cliente.

Pero ¿Cómo cuento mi historia?

 Es muy sencillo, debes seguir la **Estructura Aristotélica de los Tres Actos:**

Inicio: Cuenta como empezó tu vida. Cómo estabas antes de que se presentara el problema.

Nudo: Cuenta qué problemas se te presentaron y de ese modo lograrás empatía por parte de tu audiencia.

Desenlace: Cuenta de qué modo te superaste y cómo lograste el objetivo y, sobre todo, de qué manera lo puede lograr tu prospecto.

Esto es opcional de hacer en una conversación, pero en la medida lo posible, y si se presenta la ocasión idónea para hacerlo, cuenta tu historia, te aseguro que de este modo obtendrás toda la atención de tu cliente, credibilidad y autoridad y querrá saber más sobre como tú lograste la solución a ese problema.

GENERA DESICIÓN
EN TU PROSPECTO

Ya tenemos la atención de nuestro cliente, nos cree y sabe que tenemos autoridad y conocimiento sobre el tema ¿Ahora qué?

En este punto nuestro cliente deberá tomar su primera decisión consciente y manifestarnos esa intencionalidad, es decir, acá nuestro cliente ya comenzará a dirigirse inevitablemte a la compra, como les digo, **NO DEBEMOS VENDERLE NADA DEBEMOS AYUDARLO A LLEGAR A TOMAR UNA DECISIÓN.**

Entonces es muy sencillo, de acuerdo a la experiencia que ya contaste con tu proceso, le darás a escoger dos opciones:

CONTINUAR CON TU PROBLEMA:
Seguir con la misma situación y problema
que ya entiendes y sabes que tienes sin importar las
consecuencias que ello implique.

**TOMAR ACCIÓN Y BUSCAR UNA SOLUCIÓN, Y
YO TE AYUDO CON ESO:**
Con esta opción tu cliente ya se perfila para
la compra y comienza a confiar en ti para que lo
ayudes a la solución de su problema

EXPLICA COMO TU PRODUCTO
RESUELVE EL PROBLEMA

En este momento el prospecto SI o SI decidió por ti, puede pasar que de inmediato el cliente dice,

"Perfecto ¿cuánto cuesta eso? En ese punto pasamos al punto capítulo siguiente de este libro, de no ser ese el caso, seguimos dando más y más valor.

Es acá donde escuchar o leer a nuestro cliente comienza a tener efectos positivos, debido a que comenzamos a darle solución con nuestro conocimiento y puntos de nuestro programa que sabes que pueden ayudar a transformar a tu cliente de forma positiva.

Como te dije anteriormente, la gente tiene problemas muy diferentes y puntuales que tu puedes resolver uno a uno con tus argumentos, lo cual hará convencer más y más a tu prospecto de querer estar contigo, de querer aprender a solucionar ese ese problema contigo o con lo que tu le recomiendes.

En este punto ya el prospecto es casi tuyo.

TODO DEPENDERÁ DEL esta en tus manos y tú tienes el control total sobre la conversación.

Si haz leído con atención NUNCA HE MENCIONADO LOS BENEFICIOS DE TENER [Prod o Serv], es por eso que el cliente ha llegado hasta acá porqué está descubriendo como tomar la decisión.

¡NO DIGAS EL PRECIO!

En este punto el cliente está en tus manos, por lo general acá es donde el pregunta "Perfecto y cúal es el costo? Y muchos vendedores caen en esa trampa final de decir el costo del producto solo "$36.000... : (Es en ese momento es donde el cliente puede huir por la primera "rejilla" que vea, debido a que encuentra en su razón que el costo siempre será elevado, sin importar si este cuesta x cantidad de dinero, siempre será costoso.

Pero ¿Sabes por qué piensa eso?
Lo que pasa es que su cerebro tiene un desequilibrio, puede que le hayas manifestado que tú lo ayudarás, pero no le diste suficiente valor para que su razón justifique el precio o costo de tu producto,es decír, primero debes justificar el precio antes de decirle una cifra.

Lo que debes hacer para responder a esa pregunta es darle suficiente VALOR para que se justifique el PRECIO, manifiestale así la transformación que tendrá y los beneficios sobresalientes a los que podrá accc
eder, mostrando también Resultados, Testimonios, propios o de otros y de ese modo al finalizar tu argumento avanzas en la cotización de su plan ideal y esa barrera del Dinero no será un obstaculo.

GATILLOS
MENTALES

PSICOLOGÍA APLICADA A LA VENTA

www.proserdigital.com
TODOS LOS DERECHOS RESERVADOS

¿QUÉ SON LOS GATILLOS MENTALES?

Los gatillos mentales son técnicas psicológicas que influyen en el comportamiento humano. En el contexto de cerrar ventas por WhatsApp, estos gatillos pueden ser poderosas herramientas para persuadir a los clientes. Aquí hay 10 gatillos mentales que benefician el cierre efectivo de ventas:

1. Escasez

Descripción:
Fomenta la sensación de que el producto o la oferta es limitada en cantidad o tiempo.

Ejemplo,
Aplicación en WhatsApp:

> Solo quedan 5 unidades a este precio especial! ¿Quieres asegurarte de obtener la tuya

¡¡¡¡MUCHA ATENCIÓN!!!! En este momento tu cliente manifestará objeciones naturales, las cuales son producto de ese desequilibrio natural de la razón frente a una oferta. Si haz realizado todos los pasos como te los he mencionado no habrán casi objeciones, si no, habra una que otra que sabrás lidiar con tu conocimiento.

Pero en este punto **NO LO PUEDES DEJAR HABLAR MUCHO** ni dejar momentos largos de silencios, debes ser conciso y claro, la oferta es esta, tiene un costo de $$$$ y en ese
momento debes manifestarle que hay pocos días para ingresar.

Una estrategia que uso y es infalible es la **exclusividad**, si
ingresas ya accederás al descuento del 45% en tu cuota mensual de forma exclusiva.

Aplicando esta técnica y dando la oferta tu cliente deberá tomar unadecisión, no te preocupes muchos dirán que no tienen el dinero ya, que debe esperar a cerrar el mes por la otra prepaga, etc, etc...

Pero por lo general haciendo este paso a paso la oferta está hecha y las respuestas serán "Quiero recibir presupuesto"

 "¿Hasta cuando tengo tiempo?" "Me esperas hasta X dia?"

VER TIPO DE OBJECIONES Y DESPEJE

Es decir tu cliente está convencido de afiliarse, y será cuestión de tiempo a que acceda. En este caso déjalos así y sigue normal hasta un par de días y les vuelves a escribir para decir que se agota la oferta. Otros ingresarán de inmediato y no habrá más que decir.

2. Urgencia:

Descripción:

Impulsa a la acción inmediata al crear la percepción de que hay una necesidad de decidir rápidamente.

Ejemplo,

Aplicación en WhatsApp:

"Oferta válida solo hoy. ¿Te gustaría aprovecharla antes de que termine el día?"

3. Reciprocidad:

Descripción:

Las personas sienten la necesidad de devolver un favor o gesto positivo.

Ejemplo,

Aplicación en WhatsApp:

"Te he proporcionado información valiosa. ¿Hay algo específico en lo que pueda ayudarte ahora?"

4. Curiosidad:

Descripción:

Despertar el interés al plantear preguntas o dejar detalles intrigantes sin revelar.

Ejemplo,

Aplicación en WhatsApp:

"Tengo algo emocionante para ti, pero antes, ¿te gustaría saber más sobre cómo puede cambiar tu día a día?"

5. Autoridad:

Descripción:

Las personas tienden a seguir a aquellos que son percibidos como expertos o líderes.

Ejemplo,

Aplicación en WhatsApp:

"Nuestro producto ha sido recomendado por [expertos/autoridades]. ¿Te gustaría conocer más sobre sus opiniones?"

6. Consistencia:

Descripción:

Las personas tienden a actuar de manera coherente con sus compromisos previos.

Ejemplo,

Aplicación en WhatsApp:

"Como estuviste interesado en [producto/característica], pensé que esto podría ser perfecto para ti. ¿Te gustaría saber más?"

7. Historia:

Descripción:

Las narrativas persuasivas pueden conectar emocionalmente y crear empatía.

Ejemplo,

Aplicación en WhatsApp:

Compartir historias de clientes satisfechos o cómo el producto ha mejorado la vida de alguien.

8.Aversión a la Pérdida:

Descripción:

Las personas temen más perder algo que ganar algo equivalente.

Ejemplo,

Aplicación en WhatsApp:

"¡La oferta exclusiva está a punto de expirar! No te pierdas la oportunidad de ahorrar [cantidad] hoy."

9. Prueba Social:

Descripción:

La gente tiende a seguir la acción de otros, especialmente si son similares a ellos.

Ejemplo,

Aplicación en WhatsApp:

Compartir testimonios de clientes satisfechos o mencionar cuántas personas ya han aprovechado la oferta.

10. Beneficio Inmediato:

Descripción:

Destacar los beneficios que el cliente obtendrá de inmediato al tomar la decisión de compra.

Ejemplo,

Aplicación en WhatsApp:

"Imagina cómo [producto/servicio] puede mejorar tu [vida/negocio] hoy mismo. ¿Listo para dar el paso?"

GUIONES
GANADORES

EL PODER DE LAS PALABRAS

www.proserdigital.com
TODOS LOS DERECHOS RESERVADOS

 @Proser.Digital

HAGAMOS MAGIA
VEAMOS EJEMPLOS

La mayoría piensa que usar los mismos guiones sin importar el tipo rubro ni su modelo de negocio, funciona.

Tengo como argumentar, si no estas de acuerdo.

Un sistema de ventas DEBE cambiar según cambia la experiencia que nuestro cliente desamos que viva.

www.proserdigital.com
@Proser.Digital

PLANTILLAS
PARA BIENVENIDA

Estas son las primeras plantillas que deberás usar al iniciar una conversación con un prospecto potencial en Whatsapp

Recuerda : *"Nunca compramos a quienes nos caen mal"*

Debemos generar simpatía en nuestros primeros mensajes lo más rápido posible, trata de no ser tan formal y hablar con el cliente como si fuera tu mejor amigo.

Cuando una empresa te envía una de esas aburridas promociones por Whatsapp tú no les haces caso, pero cuando un amigo te habla en confianza, si le prestas atención a sus mensajes. Esta es la lógica detrás de generar Rapport (Simpatía)

Procura usar emojies en tus textos de Whatsapp y trata de a tú a los prospectos y respóndeles con emoción (Como si estuvieses enamorado de tu producto

Repito : no seas tan serio ni aburrid@

¿Cómo destacar Textos o palabras? Pon la frase o palabra entre * (asteriscos) sin espacios al inicio y fin.
Por Ejemplo: *Hoy Tengo un Bono Extra con tu compra*

CASO DE ÉXITO SOBRE UN SUPLEMENTO ALIMENTICIO

MENSAJE 1

Bienvenida/o, Gracias por llegar hasta aquí.
Hola buen día, Mi nombre es [TU NOMBRE COMPLETO] distribuidor/a autorizad@ de [EMPRESA].

Ser parte del reto (NOMBRE DE EMPRESA] tiene grandes beneficios ★🐾pero antes vamos a lo que te trajo
hasta aquí.
Quiero compartirte la guía ¿Ya conoces los productos de [NOMBRE DE EMPRESA]?
SI
NO

¿Sabes cuáles son los beneficios de los productos (NOMBRE)? SI
NO

¿Estás interesad@ en comenzar a incluir los productos de [PRODUCTO] en tus hábitos alimenticios?
SI
NO

¿Para qué utilizarías la guía?, ¿Qué sería lo que deseas lograr?

A.Bajar de peso
B.Lograr mejorar tus hábitos alimenticios
C.Mejorar tu salud
D.Me lo recomienda tu médico

ENVÍA UNA PREGUNTA POR VEZ

MENSAJE 2

 EN CASO DE QUE LAS 3 PRESUNTAS TENGAN COMO RESPUESTA SI

Gracias a tu tiempo e interés, quiero darte otro regalo, el KIT ESTRELLA DEL MES

[PRODUCTO1] + [PRODUCTO2] + [PRODUTCTO3] con un♨ 25% OFF♨
Si Haces clic aquí abajo lo recibes en tu domicilio sin costo ☛KIT CON DESCUENTO

MENSAJE 3

Y aquí tienes tu regalo🎁
👇👇👇

DESCARGA TU GUÍA de alimentación saludable.
Pero espera , ✋ quiero que sepas lo importante que será para ti acompañar este proceso
junto con [PRODUCTO]. 👉KIT CON DESCUENTO solo por HOY⏰
Estaré atento a cualquier consulta o duda que te surja.

Gracias por elegir compartir este cambio conmigo.�

¡ Te comento de [NOMBRE EMPRESA O PRODUCTO]

[NOMBRE EMPRESA] es una empresa 100% [LOCALIDAD o PAIS] y nuestro principal objetivo es mejorar ⬛ la
calidad de vida de nuestros clientes y nuestros distribuidores con nuestros suplementos 🫔

Cómo?
Recuperando tu talla 🫔
Mejorado tus hábitos y con ello tu salud 🩺
Mejorando tu autoestima 🔋

Modo de uso:
Tomar una cápsula de [PRODUCTO 1] por la mañana 💊 y una de [PRODUCTO 2] 💊 por la noche🌙

Así de fácil!

⬛   Estás list@ para comenzar?, Ingresa este enlace, https://XXXXXXXXXXXXX

 Agrega a tu carrito 🛒 y comienza tu cambio con [PRODUCTO]
●●●   ✓🔝🫔

Te asesoro durante todo el proceso

Plantilla # 1:
Introducción por Rubro / Problema

Hola emprendedor, bienvenido a nuestra familia!

Soy Luis y te ayudaré con la información del Método NeuroNex

Por favor primero dime cuál es tu nombre ?

(esperar respuesta)

¡ Excelente Julián !

Te felicito por estar aquí, porque demuestra que estas interesado en tu crecimiento.

Antes de brindarte toda la información, quisiera saber si mi sistema podrá ayudarte realmente al 100% a aumentar las ventas en tu negocio….

¿ Dime cual es el rubro de tu negocio?

(esperar respuesta)

¡ Perfecto ! nuestro sistema es justo lo que necesitas ahora, aquí te envío toda la información de nuestro [producto]

AQUI TU BROCHURE PERSUASIVO (enlace)

Revísalo y si tienes alguna consulta extra házmela saber por favor..

Aquí te envío el documento con la información detallada de nuestro [producto]

[AQUI enlace con TU BROCHURE]

Cuando lo veas, me comentas si tienes cualquier duda al respecto. Un saludo !!

www.proserdigital.com
TODOS LOS DERECHOS RESERVADOS
@Proser.Digital

Ejemplo # 3:
Introducción por Beneficios

Hola Marissa, bienvenida mi nombre es Rosmery

¿ Deseas que te de información sobre nuestro super producto que te permitirá lucir una piel más bella en corto tiempo ?

(esperar respuesta)

¡ Perfecto hermosa !

Antes de nada quiero que tenga bien claro cuáles son los beneficios de la crema [NOMBRE]

- Hidrata la piel de forma profunda
- Hace lucir tu piel más brillante
- Efecto duradero de 48 horas,
- Puedes recomendar el producto y generar comisiones

Y no necesitas

◼ Gastar mucho dinero en tratamientos caros
◼ Comprar otros productos adicionales
◼ Tener una piel bien cuidada

☛ Aquí te envío el catálogo del producto con todas las bondades de nuestra crema [NOMBRE]

AQUI TU BROCHURE

Cuando lo veas, me comentas si tienes cualquier duda al respecto. Cariños !!

Plantilla # 4: Introducción por Escasez

Hola, bienvenido mi nombre es [tu nombre] , con quien tengo el gusto ?

(esperar respuesta)

Correcto

[nombre cliente] te voy a dejar aquí toda la información de nuestro [producto] en este documento, trata de verlo ahora mismo por favor.

AQUI TU BROCHURE

Contamos con muy pocas existencias/vacantes/cupos y se pueden terminar muy pronto, sentimos que puede ser muy importante para ti ya que podrás [deseo] en [tiempo]

Espero tus comentarios por aquí, estaré hasta las 6pm atendiendo el Whatsapp ¡ Un saludo !

www.proserdigital.com
TODOS LOS DERECHOS RESERVADOS

Me gusta mucho cerrar ventas. Me fascina. ¿La razón?

Porque la gente puede ignorarte en RRSS. Pueden pasar de leer algunos de tus emails. Puede que, de tu web, no le interesen tus artículos, ni tu cara, ni tu like sobre mí.

Todo es importante, pero de todo ello podrías prescindir.

Ahora, ¿Qué es lo que nunca podrás dejar de hacer si quieres que tu negocio siga en marcha?

¿Qué tendrás que hacer siempre tengas un negocio tradicional o un negocio digital?

Cerrar ventas.

Nada puede evitar eso. Es ahí, en ese momento clave, donde uno se la juega.

Si no eres capaz de convertir la venta, de conseguir el sí, de hacer que saquen la tarjeta o te den el número de cuenta, da igual que tengas muchas solicitudes de presupuesto, da igual que tu web sea magnifica y que, prácticamente vivas en redes sociales.

Da igual que inviertas miles y miles en publicidad. Da igual. Si no cierras la venta, nada de lo anterior tendrá sentido.

Algunos indican que el cierre es algo obsoleto, que no es necesario y que si se realiza una buena presentación centrada en las verdaderas necesidades del cliente
la venta se producirá sola. **NO ES VERDAD**.

Los compradores necesitan que se les pregunte, pretenden realizar la mejor decisión posible y quieren que sea el vendedor quien les solicite la firma del pedido.

Antes de llegar a la decisión de compra, un prospecto pasa por diferentes etapas:

Primero, se encuentra en una etapa de sondeo, realiza investigaciones sobre tu producto o servicio, lee comentarios de otras personas o lee algo acerca de lo que está deseando, pero todavía no se compromete, el proyecto está aún en una fase muy general.

Segundo, el prospecto averigua con mayor frecuencia las opciones, sitios, propuestas donde se encuentra el producto, pregunta a sus familiares y amigos, averigua opciones de financiamiento y se interesa por detalles menores como el color, tiempo de entrega, o empaque del producto. Pero la que generalmente lo impulsa a tomar una decisión son las valoraciones de quienes ya tienen tu producto o servicio.

En la tercera etapa, el cliente ya tiene la decisión de compra y simplemente le falta decidir con qué compañía o vendedor, adquirir el producto o servicio.

LO MÁS IMPORTANTE

Los vendedores que han dejado de lado el paradigma «siempre estar cerrando» y se concentran en «siempre estar ayudando», tendrán a mano diferentes estrategias para atraer al prospecto en cada una de las etapas.

Y si tú, como vendedor o tu compañía, has sabido estar presente, desde las etapas iniciales de indagación y lo has acompañado a resolver sus dudas durante todo el proceso, con humildad y empatía, con seguridad, optarán por cerrar la venta contigo.

TOP 1: Cierre dirigido.

También conocido como técnica de poscierre.

Se utiliza para cambiar el enfoque del pensamiento del comprador, alejándolo de una simple decisión de SÍ o NO relativa a la propiedad o disfrute del servicio.

Al final de la conversación de ventas se plantea una pregunta tipo ¿Qué le parece lo visto hasta ahora?

Si al interlocutor le parece bien, le contestas "De acuerdo, entonces el siguiente paso que vamos a llevar a cabo es..." y le describes el plan de acción.

Tomas el contrato o la hoja de pedido y comienzas a cumplimentarlo.

En cada uno de estos cierres el comprador puede decir SÍ y ayudarle de este modo a cerrar la venta o plantear alguna pregunta.

Si plantea alguna pregunta, se la respondes, resuelves objeciones y solicitas el si final.

TOP 2: Cierre doble alternativa

Este es un cierre de ventas muy efectivo y por eso lo pongo en los primeros lugares del listado.
Consiste en ofrecer dos alternativas al prospecto.

Por ejemplo: ¿Va a pagar en efectivo o con tarjeta?
¿Lo prefiere en azul o en rojo?
¿Quiere que su pedido esté listo el lunes o el martes?

Utilizando este cierre, le facilitas la decisión al prospecto.
Le das a elegir entre tu producto y tu producto.

Si no le ofrecieras esta doble alternativa, el prospecto elegiría entre tu producto y el producto de la competencia.

Por otro lado, las últimas investigaciones de la neurociencia, nos plantean una teoría acerca de que el ser humano reacciona mejor a tomar la decisión de compra cuando se le presentan tres alternativas.

Hay una razón poderosa que posibilita que, el prospecto se sienta cómodo frente a tres alternativas.

TOP 3: El cierre económico

Esta técnica es muy útil cuando tratas de demostrar a tu cliente el beneficio de ahorrar dinero con la compra de tu producto.

Saca una calculadora y, con números, demuestra al cliente cuánto dinero ahorrará al comprar tu producto.

O divide el precio de tu producto por el número de días de vida útil que tiene.

"[NOMBRE DEL PROSPECTO] Por $1 al día ¿le parece que es caro tener garantizada la educación de sus hijos?".

Coloca el precio en la perspectiva correcta y cerrarás la venta.

TOP 4: El cierre del miedo a perder

Este es un cierre poderoso.

El miedo a perder es mucho más fuerte que el deseo de ganar.

Si tú quieres persuadir a un cliente para que compre tu producto, detalla los beneficios que el cliente se perderá si no efectúa la compra ahora o en el plazo que tú le hayas indicado como más propicio.

"UTILIZA GATILLOS MENTALES DE URGENCIA"

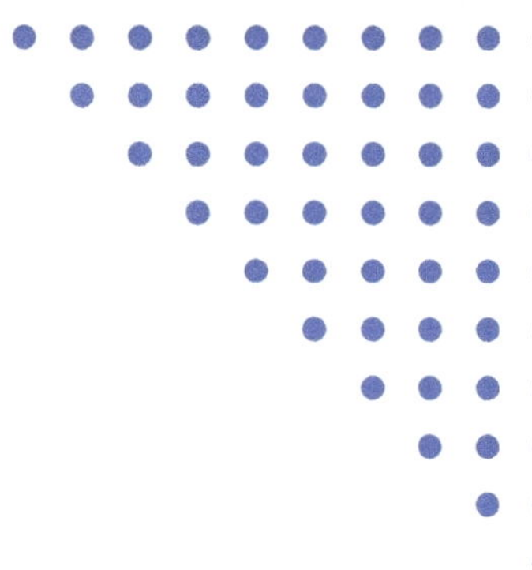

TOP 5: El cierre negativo

Este cierre tiene muchísimo poder, pero hay que saber utilizarlo adecuadamente.

Se trata de insinuar al prospecto que el producto que ofreces no es para cualquiera, que hay que reunir una serie de requisitos que pocas personas pueden completar.

El prospecto entonces tratará de ajustarse al perfil y demostrarte los motivos por el que cumple los requisitos para acceder al producto.

Y la venta estará hecha.

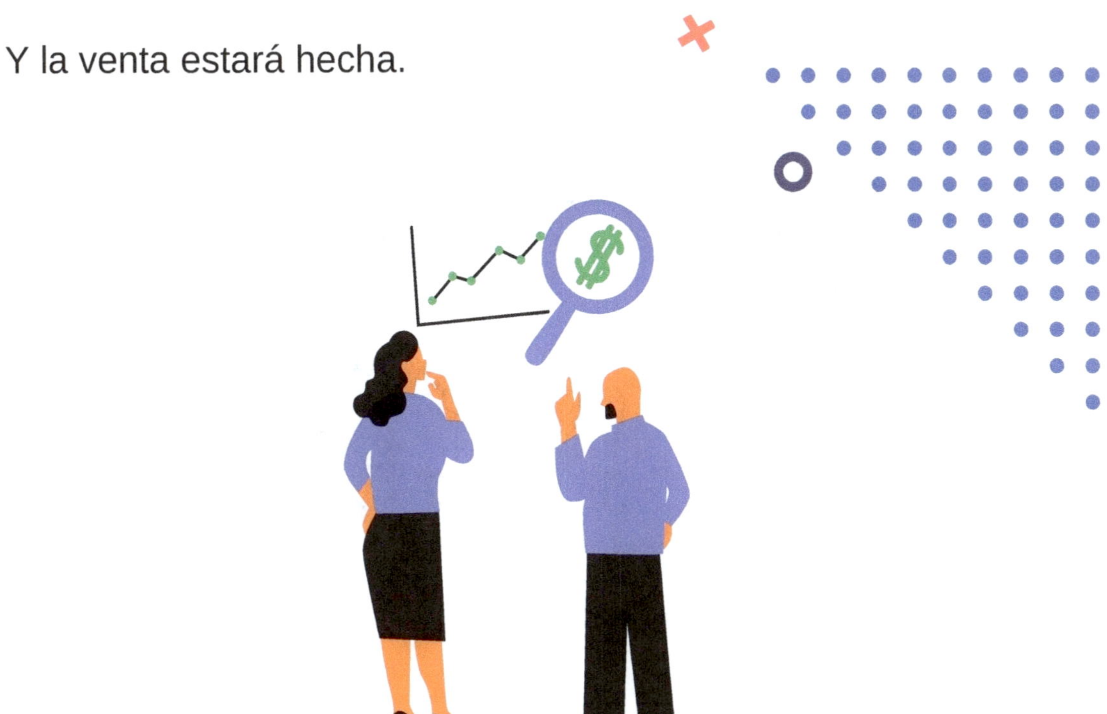

TOP 6: El cierre de cantidad limitada

Este cierre se utiliza y se aprovecha cuando un producto está teniendo mucha demanda o se trata de un producto que está a un precio de oferta limitada.

La escasez siempre es un disparador mental muy poderoso, que activa el deseo y favorece la venta.

TOP 7: La técnica del cachorrito

Esta técnica consiste básicamente en ofrecer una prueba gratuita del producto al cliente.

Una vez que el cliente prueba el producto, difícilmente lo devolverá y lo comprará.

Se llama así porque es utilizado por los dueños de tiendas de mascotas que, al ver a un niño emocionado con una mascota, invitan a los padres a que lo cojan en brazos.

Luego de pasar unos momentos con la mascota, frecuentemente se quedan con ella y pagan su precio al dueño de la tienda.

TOP 9: El cierre por lanzamiento

Los seres humanos tenemos una tendencia a buscar ser los primeros, a busca destacarnos de entre los demás.

Como cerrador de ventas, debes aprovechar este aspecto de la naturaleza humana.

Este cierre de ventas es ideal para el lanzamiento de un producto:

[NOMBRE DEL PROSPECTO], déjame darte una noticia exclusiva. Te comunico que ppdes ser una de las primeras personas en disfrutar de.... (Beneficio del producto) que te ofrece.... La marca del producto).

Te aseguro que te dará excelentes resultados.

TOP 10: El cierre de la oportunidad única

Esta técnica busca hacer ver al cliente la suerte que ha tenido de interesarse por la compra de nuestro producto AHORA. **Ni unos días antes ni unos días después**, porque es ahora cuando se han dado las circunstancias adecuadas para hacer una oferta especial e irrepetible que sólo podrá aprovechar si compra en este momento.

El primero que habla, pierde

Este es un consejo de oro.

Cuando hayas realizado una pregunta de cierre:

¡CÁLLATE!

El primero que habla, pierde.

Si tu ansiedad te vence y quieres complementar tu presentación en ese momento o asumes que el comprador está a punto de decirte que no y quieres evitar ese mal momento, perderás la venta de todos modos.

Si en cambio, te mantienes expectante y en silencio, el prospecto estará propenso a tomar una decisión en ese momento y casi siempre esa decisión será a favor de comprar tu producto.

Cierra la venta, confírmala

Quiero evitar que cometas un error que yo cometí y que muchos vendedores también han cometido.

Se trata de quedarse con el comprador, una vez cerrada la venta.

Cuando cierres la venta, debes confirmar la operación, asegurarte de que tu cliente sabe que ha tomado la mejor decisión para evitar que se arrepienta en los primeros momentos.

A continuación, busca la forma amigable de cerrar la transacción comercial y comparte el enlace de pago.

BONUS ESPECIAL

IMPACTANDO CON CREATIVIDAD

www.proserdigital.com

@Proser.Digital

MIDE TUS RESULTADOS

Lo que se puede medir, se puede mejorar.

Hasta mi última actualización en enero de 2022, WhatsApp Business API proporciona varias métricas que permiten a las empresas evaluar el rendimiento de sus interacciones y campañas en la plataforma. Ten en cuenta que las características y métricas específicas pueden cambiar con el tiempo, por lo que es importante verificar las actualizaciones más recientes de WhatsApp Business API. Aquí hay algunas métricas clave que podrían estar disponibles:

Entregabilidad:

Definición:

- La proporción de mensajes enviados que se entregan con éxito al destinatario.

Importancia:

Indica qué tan efectivamente los mensajes están llegando a la audiencia prevista.

Tasa de Apertura:

Definición:

- El porcentaje de mensajes entregados que son abiertos por el destinatario.

Importancia:

Mide la efectividad de tus mensajes para captar la atención de los usuarios.

MIDE TUS RESULTADOS

Lo que se puede medir, se puede mejorar.

Tasa de Respuesta:
Definición:
- El porcentaje de mensajes a los que se responde en comparación con el total de mensajes recibidos.

Importancia:
Indica la interacción y compromiso del usuario con tus mensajes.

Tiempo de Respuesta:
Definición:
- El tiempo promedio que tarda una empresa en responder a un mensaje después de recibirlo.

Importancia:
Muestra la rapidez con la que tu empresa atiende las consultas de los clientes.

Número de Conversaciones Únicas:
Definición:
- La cantidad de conversaciones individuales iniciadas por los usuarios.

Importancia:
Indica cuántas interacciones únicas estás teniendo con los usuarios.

MIDE TUS RESULTADOS

Lo que se puede medir, se puede mejorar.

Calificación del Usuario:
Definición:
La retroalimentación que los usuarios proporcionan sobre la calidad de la interacción.

Importancia:
Evalúa la satisfacción del cliente y puede ayudar a identificar áreas de mejora.

Estas métricas proporcionan una visión integral del rendimiento de las interacciones en WhatsApp Business API. Sin embargo, ten en cuenta que las métricas específicas pueden variar según las actualizaciones y características adicionales introducidas
por WhatsApp.

Te recomiendo revisar la documentación más reciente de WhatsApp Business API para obtener información detallada sobre las métricas disponibles.

CONCLUSIÓN

Pues esto ha sido todo, **ya eres un PROSER EN VENTAS DIGITALES POR WHATSAPP**

Espero que la información que te brindé aquí te sirva muchísimo para cerrar más ventas por whatsapp, obtener resultados satisfactorios, y alcanzar esas deseadas comisiones que a todos nos gustan.

Si quieres recibir aún más contenido de valor, no dudes en ingresar a nuestras redes sociales, igual y encuentras inspiración para crear tu propio contenido y perfeccionar tu técnica.

Ha sido una experiencia muy apasionante escribir este libro. Y me gustaría que tú también te divirtieras aplicando los conocimientos que te brindé. Verás cómo de emocionante es recibir la notificación de "Venta efectuada. Tu Comisión: US$36...". Confío en que puedes lograrlo.

Ahora sal de este libro, vete a cerrar ventas por whatsapp, demuestra tu autoridad, y cuando te vaya mejor, nos comentas en la comunidad tu experiencia y nos ayudas a sumar más miembros a este gran equipo de "Proser's en ventas digital". GRACIAS!

UN REGALO EXCLUSIVO

Accede al curso:
VENDE MÁS con Publicidad Online y ChatBot

¿Quieres incrementar tus ventas de manera constante y eficiente?

Aprendede las mejores estrategias de ventas diseñadas para negocios y emprendedores exitosos.

SI QUIERES CONOCER MÁS SOBRE NUESTRO CURSO VENDE + CON FACEBOOK y EN AUTOMÁTICO ESCANÉA EL CÓDIGO O DALE CLICK SOBRE ÉL

www.proserdigital.com
TODOS LOS DERECHOS RESERVADOS